MASTER OF DISTANCES

BY THE SAME AUTHOR

POETRY

We Were Not There, translated by Lawrence Schimel,
        Shearsman Books, 2019
Nothing is Lost. Selected Poems, translated by Lawrence Schimel,
        Shearsman Books, 2017

AS EDITOR

An Anthology of Spanish Poetry, Agenda, vol. 35, no. 2 (1997)

Jordi Doce

MASTER OF DISTANCES
Maestro de distancias

*translated from Spanish
by Terence Dooley*

Shearsman Books

First published in the United Kingdom in 2023 by
Shearsman Books Ltd
PO Box 4239
Swindon
SN3 9FN

Shearsman Books Ltd Registered Office
30–31 St. James Place, Mangotsfield, Bristol BS16 9JB
(this address not for correspondence)

www.shearsman.com

ISBN 978-1-84861-886-2

ACKNOWLEDGEMENTS
Maestro de distancias was first published in Spain
in 2022 by ABADA Editores, Madrid.

Solitude, récif, étoile…
S. Mallarmé, 'Salut'

So time passes before our eyes, cold and indifferent, knowing nothing of our pain, knowing nothing of our joys, with an icy hand it leads us further into the labyrinth; at last it leaves us be, and we look around us and can't make out where we are.
L. Tieck, *Genoveva*

Time is an unknown.

Del tiempo no sabemos.

Time that speeds up, stands still, that doesn't know. Suddenly unsure. Like a dog without a master. A mindset: confusion.

Del tiempo que acelera, que para, que no sabe. Lo inseguro, de pronto. Como perro sin dueño. Un modo de pensar: la confusión.

If the bandages of sleep allow you, look well: someone is coming over the bridge, someone you know nothing about; below, the water flows freely and oscillates its scales, intemperate stream. You gasp like a fish out of water.

Si las vendas del sueño te dejan, mira bien: alguien se acerca por el puente, alguien del que nada sabes; abajo, el agua corre sin obstáculos y agita sus escamas, arroyo intemperante. Boqueas como un pez fuera del agua.

A congregation of clouds, almost sleep-walking, almost vegetal, taking on the shape of time and its stupor.

Congregación de nubes, casi sonámbulas, casi vegetales, adoptando la forma del tiempo y su narcosis.

With my heart I passed the winter. Crows came and went with the husk of a tear-duct in their beaks: all was white beneath the eye-lid of a nonexistent sun.

Con mi corazón pasé el invierno. Los cuervos iban y venían con la vaina de un lagrimal en el pico; todo era blanco bajo el párpado de un sol inexistente.

Mitosis of a cell saying *no*, not saying. The eye-lid vibrating, retractile. Rounding the Cape Horn of the day, burning the lifeless folio on the pyre of dreams.

Mitosis de una célula que dice no, *que no dice. El párpado vibrante, retráctil. Doblar con palabras el cabo de Hornos del día, quemar el folio inerte en la hoguera del sueño.*

You will be the man stretched out on the ground. The long man who gazes long on the stars: eyeless, spiritless, unquestioning. Just the pure inertia of being there, the body's obduracy, that is fear huddled in your ribs, love with no object or commerce.

Serás el hombre echado sobre la tierra. El hombre largo que mira las estrellas largamente: sin ojos, sin afán, sin preguntas. Tan sólo la pura inercia del estar ahí, la terquedad del cuerpo, que es temor encorvado en tus costillas, que es amor sin objeto ni comercio.

You remember that film: the fallow fields covered in snow, the loose dogs, ravening, the hunters in white ermine cloaks, riding down to the river to claim their trophy: a wounded hind. Like a Brueghel painting in which everything happened in slow motion, pitiless as a dream. You remember too the young queen's face: the perfect oval promise of beauty, her maiden lips, the blood that flowed there, prophetic.

Recuerdas aquella película: el barbecho de los campos nevados, los perros sueltos, voraces, los cazadores con sus mantos blancos de armiño que bajaban hasta el río para cobrarse su pieza: una cierva malherida. Como una pintura de Brueghel en la que todo sucediera a cámara lenta, con la impiedad del sueño. Recuerdas también el rostro de la joven reina: el óvalo perfecto de la belleza por hacer, sus labios frescos, la sangre que allí fluía, premonitoria.

Of immaterial time, that weighs out on its scales our pound of flesh.

Del tiempo inmaterial, que mide en su balanza nuestra libra de carne.

In that dream there were three of us against the snow. In that dream we were three crazed people pushing back against the cold.

En aquel sueño éramos tres contra la nieve. En aquel sueño, insensatos, éramos tres contra el empuje del frío.

Lost in dismal games of chance and melancholy. As in this slow and arduous apprenticeship. As in the frenzy of falling leaves.

Extraviados en juegos tristes de azar y melancolía. Así este lento, penoso aprendizaje. Así la furia de las hojas que caen.

How long have we known each other? I never left my post. I looked in the mirror and it was you, it was me. We blent into the same wry face. Inertia of the doomed. We'll go together to the end.

¿Desde cuándo nos conocemos? Nunca dejé mi puesto. Miraba en el espejo y eras tú, era yo. Nos confundíamos bajo idéntica mueca. Inercia de los condenados. Hasta el final iremos juntos.

I remember a city of terraced houses, walls in half-light, sooty gardens, where the wind bit with the savagery of one who has always known, is in on the secret.

Retengo una ciudad de casas reiteradas, de muros en penumbra y jardines negruzcos, donde el viento roía con la ferocidad de quien siempre ha sabido, del que está en el secreto.

Today in dream you turned to me as if we were ourselves, unchanged. I rode the bicycle of night, with no time to pause or even speak. I knew then I was doing wrong, but such is the calm ironic punishment of the unfulfilled: to know the bad seed and to poison oneself with its harvest.

Hoy en el sueño te has girado para saludarme como si fuéramos, nosotros, los de siempre. Yo iba en la bicicleta de la noche, sin tiempo de pararme, de hablar siquiera. Supe entonces que hacía mal, que nunca hay prisa, pero así es el castigo irónico, ecuánime, de los insatisfechos: distinguir la semilla del error y envenenarse con sus brotes.

There we saw the wild sea and the hand of the wind raking through it, tugging the ragged water beneath a pallor of the end of days. The sky all at once laden with foreboding.

Allí vimos el mar embravecido y la mano del viento hurgando en él, tirando del agua estropajosa bajo una palidez de fin de los tiempos. El cielo, de repente, cargado de barruntos.

There we saw the sea on the black sand. We saw the chiselled lava-rocks at the foot of the cliffs. The township built of black lava for the fishermen's nets. The afternoon wasn't ours, but we went on our way as if it were.

Allí vimos el mar sobre la arena negra. Vimos los roques esculpidos al pie de los barrancos. El pueblo edificado en lava negra para las redes de los pescadores. La tarde no era nuestra, pero seguimos caminando como si lo fuera.

Time, that is the just for now.

Del tiempo, que es lo provisional.

The setting sun alights on the dirty sand and illuminates the red brick wall. There's a smell of recent rain and magnificent mud. I walk through the white poplars as if I had never been anywhere else.

El sol cae en declive sobre la arena sucia y alumbra el muro de ladrillo rojo. Huele a lluvia reciente, a barro espléndido. Camino entre los chopos blancos como si nunca hubiera estado en otra parte.

Branches overhanging the bank, a disgruntled shadow. Reef and star, solitude, so you can curl up and catch fire, use the tinder of yourself. The business of living, that precarious flame.

Ramas que cuelgan sobre la orilla, sombra insatisfecha. Arrecife y estrella, soledad, para que puedas ovillarte y prender fuego, gastar la yesca de ti misma. Oficio de vivir, esta hoguera incierta.

However much it rains, the seeds won't sprout in your hand. The field hoards water in its entrails. Your lucidity grows in contradiction.

Por más que llueva, las semillas no germinarán en tu mano. El prado acopia agua en sus entrañas. Tu lucidez se crece en la contradicción.

We'll do well to safeguard the house, that was never ours by right.

Haremos bien en proteger la casa, la que nunca fue nuestra por derecho.

This is no life. The watchful eye that questions everything. The heraldic shriek of the owl. The raptor's wing-shadow. Let the nights bury the nights.

Así no hay forma de vivir. El ojo vigilante que todo lo interroga. El ulular heráldico de la lechuza. Esa sombra de ala cazadora. Dejemos que las noches entierren a las noches.

Not the rapid glitter, the hubbub and tumult, but the light of the gradual, the brilliance that ripens inwardly and vacillates. The eye-lid's ciliary membrane. I go on taking samples from the pool of the subconscious.

No el brillo veloz, algarabía y tumulto, sino la lumbre de la lentitud, el resplandor que madura por dentro, que vacila. La membrana ciliar del párpado. Sigo tomando muestras en la charca del inconsciente.

Time, waiting at the tunnel's end to blind you.

Del tiempo, que espera al final del túnel para cegarte.

What shines in the notebook is what never dawned, was unable to dawn. And you move slowly through the house, bumping into the furniture, following with great difficulty the dotted line of your ignorance.

Esto que brilla en el cuaderno es lo que nunca amanecía, lo que no supo amanecer. Y vas lento por la casa, rozándote con los muebles, siguiendo a duras penas la línea de puntos de tu ignorancia.

The cold coffee smell in the study. Those sharpened pencils, that blunted mind. Dance of indecision. And all of it happening beneath a flawless sun, among the lavish forms of time. Has honing the implements assumed such importance? When did the means become the end?

El olor del café frío en el estudio. Estos lápices afilados, esta mente embotada. Baile de la indecisión. Y todo sucede bajo un sol sin tacha, entre las formas pródigas del tiempo. ¿Tan importante se volvió cuidar los instrumentos? ¿En qué momento el medio se convirtió en el fin?

You're old now and your blood has thickened, no longer flows as it did. It eddies in mistrust, jealousy, despair. Weakness is your spur, and once more the pages fill with stains and scribble. The meaning is confused. Is confusion what is meant?

Ya eres viejo y la sangre, más espesa, no fluye como solía. Se remansa en sospechas, recelos, desesperanzas. La flaqueza es tu espuela, y una vez más las páginas se llenan de manchas, de borrones. El sentido es confuso. ¿La confusión es el sentido?

The thing is to keep going, though here you are flat on your back; to obey the law of the skeleton, the imperative of the blood. When will the phones ring to wake us to this life?

El asunto es seguir, aunque estés aquí echado; cumplir la ley del esqueleto, la trama imperativa de la sangre. ¿Cuándo sonarán los teléfonos, despertándonos a esta vida?

If you saw anything it was erosion, the accrual of damage. The amber of age, weaving its shroud. Nothing happens for you, with you. Sordine and disturbance. Light breaks through the window like an oar through water.

Si algo viste fue la erosión, el daño acumulado. El ámbar de la edad, que va tejiendo su envoltorio. Nada sucede para ti, nada contigo. Sordina y disturbio. La luz se quiebra en la ventana como un remo en el agua.

It's the end of September light, like dust in the throat or that straw colour grass that clings to poor soil. It's wasteground music. The aphasic dryness of the eye rotating on itself. Old pollen. And walking through the poplars, the tall white poplars with bent branches, as if one of them held the answer. Just walking. The clarity of lassitude.

Es la luz de finales de septiembre, como polvo en la garganta, o esa hierba pajiza que se pega a la tierra desnutrida. Es la música de los descampados. La sequedad afásica del ojo, que da vueltas sobre sí mismo. Polen viejo. Y andar entre los chopos, los altos chopos blancos de ramas deformes, como si alguno tuviera la respuesta. Andar, sencillamente. La claridad del cansancio.

Time, that eavesdrops and peers through the peephole. Time, that grows impatient. Time that barges in and is no-one.

Del tiempo, que escucha detrás de las paredes y pone el ojo en la mirilla. Del tiempo, que se impacienta. Del tiempo, que irrumpe sin aviso y es nadie.

A bird in the throat. A foreign body. That sings, for you, a song of pain, a see-sawing lament that someone picks up behind the lacerations of the night.

Un pájaro en la tráquea. Un cuerpo extraño. Que canta, por ti, una canción de dolor, una queja oscilante que alguien recoge tras los rasgones de la noche.

The tapeworm of pain, the avid ulcer. Everything takes place in here. It's the mud-stained claw you scratch with, the stench of warm hide in the lair. Your slightest breath sets off the alarm-bells of the blood and the echo travels to the hunter's night. Everything in your body is an enemy, forsakes you.

La tenia del dolor, la gusanera ávida. Todo ocurre aquí dentro. Es la garra manchada de tierra con que rascas, el tufo del pellejo caliente en el cubil. Tu más pequeño soplo hace sonar las tablillas de la sangre y el eco viaja hacia la noche del cazador. Todo en el cuerpo es enemigo, te delata.

Follow the protocol and heed the phone-calls, the advice. May the numbers scroll down the screens and the instructions work. May the white corridors lead to the fountain of health. There the voice, the neutral eye. There the litany and the psalmist's faith. Commonplace, interchangeable, the face of the idol. No-one can say he wasn't with you, wasn't able to take care of you.

Sigue los protocolos y atiende las llamadas, los avisos. Que los números se sucedan en las pantallas y las consignas surtan efecto. Que los pasillos blancos te lleven a la fuente sanadora. Allí la voz, el ojo neutro. Allí la iteración y la fe de los salmos. Común, intercambiable es el rostro del ídolo. Nadie podrá decir que no estuvo contigo, que no supo cuidarte.

The tree of life is an electric-coloured bag, a dense bladder slowly dripping. Patience and opacity. Algae slumbering uneasily in mud. The heart fills up with fish that spawn by decree, and all is passing, fogbound urgency. We understand the how, but not the why. The liver is the yardstick.

El árbol de la vida es una bolsa de color eléctrico, una vejiga densa que gotea lentamente. Espera y turbiedad. Algas que duermen intranquilas en el fango. El corazón se llena de peces que desovan por decreto y todo es tránsito, insistencias de niebla. Entendemos el cómo, no el porqué. El hígado es la vara de medir.

The sandcastle of flesh gives way from within and crumbles. No bugles hail the big event. Nothing but routine and palliatives, the closed circuit of pain. And always the white noise of the one who wouldn't give up, and in the dark corner, under the blizzard of diagnoses, slowly dwindled.

El castillo de arena de la carne cede por dentro y se derrumba. No hay clarines que anuncien el prodigio. Nada sino rutina y paliativos, el circuito cerrado del dolor. Y siempre el ruido blanco de quien no desistía, y en el ángulo oscuro, bajo el enjambre de los diagnósticos, menguaba lentamente.

The lung of blood wrinkles and crumples like a paper bag. Panting, wheezing. Losing the beat. This air is a foreign body. Not hers or anyone's. Then she sleeps. Then she comes round again.

El pulmón de la sangre se arruga y enflaquece como una bolsa de papel. Resuellos y crujidos. Pérdida del compás. Este aire es un cuerpo extraño. Ni suyo ni de nadie. Entonces duerme. Entonces vuelve en sí.

Time, that pants lasciviously beyond the line.

Del tiempo, que jadea lascivo al otro lado de la línea.

The seas within. The voluble viscera. The body and its chaos. The programmed rebellion of the tides.

Los mares interiores. Las vísceras volubles. El cuerpo y su desorden. La rebeldía programada de las mareas.

The liver grew each night. With its bile and its transaminases. With its red numbers. Opaque and disproportionate.

El hígado volvía a crecer cada noche. Con su bilis y sus transami-nasas. Con sus números rojos. Opaco y desmedido.

They are birds of passage. Birds in a darkening sky. And the blood that persists and does not yield.

Son pájaros que pasan. Pájaros en un cielo cada vez más sombrío. Y la sangre que insiste, que no cede.

The mistress of the house was far away, and the horses whinnied nervously, clouding with their breath the sharp morning air, the frosted root.

La dueña de la casa estaba lejos y los caballos relinchaban, ansiosos, nublando con su aliento el aire nítido de la mañana, la raíz escarchada.

They're the great fires. In the water, in the blood. The great fires that devour tear-ducts. As if weeping, the rapid humours of living were nothing. As if there had always been drought.

Son los grandes incendios. En el agua, en la sangre. Los grandes fuegos que devoran lagrimales, como si nada fueran el llanto, los humores veloces del vivir. Como si la sequía hubiera sido desde siempre.

We went down vague corridors, facsimiles, beneath the blue
cloud of the halogens, and their doors opened on rooms where
cleaners turned and stared at us. Remora of fear, deliver us from
evil.

Íbamos por pasillos inciertos, duplicados, bajo la nube azul de los
halógenos, y sus puertas se abrían a cuartos donde las limpiadoras
se giraban para mirarnos con descaro. Rémora del temor, líbranos
del mal.

Time that is a series of random numbers cut into the back of your first scar.

Del tiempo, que es una serie de números aleatorios grabada en el reverso de tu primera cicatriz.

The morning she came home, wonders followed hard upon each other: a circle of white mushrooms where the grass changed colour, rings slipping down the poplar's trunk reflecting the light, the wood-pigeon, greedy and swift, between two blocks of shadow.

La mañana en que volvió a casa se sucedieron los prodigios: un círculo de setas blancas donde la hierba cambiaba de color, anillos que bajaban por el tronco del álamo reflejando la luz, la paloma torcaz entre dos sombras, ávida y repentina.

You have arrived, the thread meant to lead you out of the labyrinth is a wire and its barbs prick your hands till they bleed, and the exit opens onto another exit, bracelets of salt round your ankles, pools of foam amid a wealth of garbage. Blocks, containers, new names beneath a new horizon.

Habéis llegado. El hilo que debía sacaros del laberinto es un alambre y sus púas se os clavan en la mano hasta hacerla sangrar, y la salida lleva a otra salida, ajorcas de sal en los tobillos, charcos de espuma entre basuras prósperas. Cubos, contenedores, nuevos nombres bajo un nuevo horizonte.

We've arrived at the terminus of nothing, lights, questions, landing-place of fear. Dogs scent our names, and a dotted line descends over the surface of the water till it vanishes: the sea is the frontier, what endures.

Hemos llegado al término de nada: luces, preguntas, dársenas de miedo. Los perros olisquean nuestros nombres y una línea de puntos desciende a ras del agua hasta perderse: el mar es la frontera, la insistencia.

We are lights at the far end of a road. One step then another is enough. Travel through so much night towards the flame.

Somos luces al fondo de un camino. Poner un pie tras otro ya es bastante. Caminar, tanta noche, hacia la llama.

It was avalanche season. Internal? External? And now, a good deal later, water flowing, the water of prophecy.

Fue la estación de los aludes. ¿Dentro, fuera? Es ahora, mucho después, el agua que pasa, el agua vidente.

At the back of the eye lives fear. At the back of the eye, the screen that spools and unspools dreams. The gleam of acetate, pale snow. At the back of the eye, a sea of ink that rudely splatters its shores.

En el fondo del ojo vive el miedo. En el fondo del ojo, la pantalla que ovilla y desovilla los sueños. Vislumbres de acetato, pálida nieve. En el fondo del ojo, un mar de tinta negra que moja toscamente sus orillas.

This is time. What we are living. This: what has to die.

Esto es el tiempo. Lo que vivimos. Esto: lo que debe morir.

If possible, do no harm, don't intervene uninvited in other people's lives. Withdrawal, relinquishment. This is the hole left by your body's bulk. The bitten tongue. And then nothing, everything, slack and torrent, the gaping vault of music's absence.

Si es posible, no hacer daño, no intervenir sin más en la vida de otros. Retracción, desalojo. Así el hueco del bulto de tu cuerpo. Los dientes en la lengua que hablaría. Y luego nada, todo, charco y torrentera, la bóveda expectante de la ausencia de música.

My neighbours' poems swirl in the yard, beneath the hammer-blows of the sun. The splendour of outside. They gather up the stubborn darkness of renunciation and unfurl it sun-bright, magnanimous. A gift to the air that the air understands. Breath and transparency. And the eye, in here: the peephole of faith.

Los poemas de mis vecinos ondean en el patio, bajo el martillo de la luz. Esplendor del afuera. Recogen la penumbra tenaz de la renuncia y la extienden solar, magnánima. Un dar al aire lo que el aire comprende. Hálito y transparencia. Y el ojo, de este lado: mirilla de la fe.

Master of distances, they call him. Not me, he replies. It's the words, the images, this bell-jar pretending to be the sky that mists over at a look. Neither can he walk on water. The circular lake, the faltering step. Acrobat, horizon. Blood is adventure enough.

Maestro de distancias, le llaman. No soy yo, responde. Son las palabras, las imágenes, esta campana de cristal que finge ser un cielo y se empaña con sólo mirarla. Tampoco sabe caminar sobre las aguas. El lago circular, el pie que titubea. Acróbata y confín. La sangre es aventura suficiente.

Firefly curator, also. In the hollow of the hand, in the attentive eye. Togetherness and faith. And the suffering body that shines, that still answers my requests. Uncertain light. If I could only breathe you, work your wings. Ash with its dark fever, its sad dignity, approaches from afar.

Cuidador de luciérnagas, también. En la mano ahuecada, en el ojo que atiende. Complicidad y fe. Y el cuerpo castigado que brilla, que responde aún a mis solicitudes. Luz insegura. Si pudiera tan sólo respirarte, mover tus alas. De lejos viene la ceniza con su fiebre sombría, su triste gravedad.

It was the whitest breath. The rain spoilt the acacias, scattered the tarmac with late flowers and, about to drain forever into some pocket of hell, speared the oily air with cold. The man walking felt it, echoed in his footsteps, and so did the magpie in his feathers. Torrent and brevity; turbulent stream of healing water. It was time, turned inside out, flapping its legs like a bumblebee… It's time for a purge, to clean out the stables.

Fue la respiración más blanca. La lluvia envileció las acacias, sembró de flores impuntuales el asfalto y, a punto de escurrirse para siempre en alguna tronera del infierno, clavó un punzón de frío en el aire aceitoso. Lo supo el paseante, duplicado en sus pasos (y la urraca también, a su manera). Raudal y brevedad; turbio arroyo del agua sanadora. Fue el tiempo, vuelto del revés, agitando las patas igual que un abejorro… Es hora de purgar, de limpiar los establos.

The swifts arrived in dream, to the beat of their greed. Renewal and first growth. Breath where the lump was. Down the street, in the square, the children's eyes like absolution, the children's faces playing at being real, daubing themselves with dirty sand and green fever. And still so much to do, so far to go. The savagery of the tongue...

Los vencejos llegaron en sueños, al compás de su voracidad. Brote y renuevo. Aliento que fue nudo. Calle abajo, en la plaza, los ojos de los niños como una absolución, las caras de los niños jugando a ser verdad, manchándose de arena sucia y verde fiebre. Y todo por andar aún. El salvajismo de la lengua...

Time, an ark of imaginary animals that have begun to people the earth.

Del tiempo, que es un arca de animales imaginarios que han empezado a poblar la tierra.

A flooded pit, in which your body lies face down. An urn of orange clay and your skin white, almost colourless, like onionskin paper. This could be your dream. The dream that at this moment comes to you candidly, light as a new thing. The dream that was meant for you and now arrives, after a long journey, as innocence. Each time someone checks on you, you become a little more indistinct.

Una zanja inundada donde tu cuerpo flota boca abajo. Una urna de barro anaranjado y la piel blanca, casi incolora, como papel cebolla. Así podría ser tu sueño. El sueño que ahora mismo va hacia ti sin recelos, con liviandad de cosa joven. El sueño que te estaba destinado y hoy llega, después de un largo viaje, en forma de inocencia. Cada vez que alguien se asoma a mirarte, te haces un poco más borroso.

I rarely go down to the engine-room, the dark corridor, the scuffed wall, and the man trying to pick up the thread of his song. But if you put your ear to that wall you'll hear animal sounds, breaking glass, and sometimes a child who can't understand why he is lost in his own room, weeping.

Bajo cada vez menos a la sala de máquinas: el pasillo de sombra, la pared despintada y el hombre que recoge casi a tientas la cuerda de su tarareo. Pero quien acerca su oído a esa pared escucha ruidos de animales, vidrios rotos, y a veces el lamento de algún niño que sin saber por qué se ha perdido en su propio cuarto.

Such were the nights in the winter bivouac: sounds of plumbing, pounding footsteps, great cupboards yawning open all at once on the insomniacs' floor. Life was always far distant, on the other side, behind the wall, behind the fear. Life was a plant that sent out its tendrils down the stairs, down the drainpipes. Roots of anguish, rotting heaps. And always, often, the sobbing of a child, which perfumed us.

Así eran las noches en el cuartel de invierno: ruido de griferías, pasos batientes, grandes armarios que se abrían sin aviso en la planta de los insomnes. La vida estaba siempre lejos, en otro lado, detrás de la pared: detrás del miedo. La vida era una planta que echaba sus zarcillos por escaleras y bajantes. Raíces del ahogo, pudrideros. Y siempre, cada poco, el llanto entrecortado de algún niño, que nos servía de perfume.

I rarely go down to the engine room now: that lesser realm where the damp patches are maps of the stars, and the contour lines of consciousness are wires no-one wants.

Bajo cada vez menos al cuarto de máquinas: ese reino menor donde las manchas de humedad son mapas estelares y las curvas de nivel de la conciencia son cables que nadie reclama.

The blood is labyrinth enough. Roofless passages, open-air galleries, and a moon that always comes out to see how lost you are. Bright night, milky woods. No-one has seen the beach where the sea moans like a mythical beast, no-one knows the brine. But wind gusts on through the celestial breach to nibble the feet of the wayfarer.

La sangre es laberinto suficiente. Pasillos descubiertos, galerías al raso, y una luna que sale siempre para ver cómo te pierdes. Noche de claridad, bosque lácteo. Nadie ha visto la playa donde el mar gime como una bestia mítica, nadie conoce el agua salitrosa. Pero el viento sigue manando de la brecha celeste para morder el pie del caminante.

I rarely go down to the engine-room now: home of soot and the memorious key-chain.

Bajo cada vez menos a la sala de máquinas: el lugar del hollín y del llavero memorioso.

Time, the black cube that suffocates, entombs you, the white cube where you come apart.

Del tiempo, que es un cubo negro que te sofoca, te sepulta. Del tiempo, que es un cubo blanco en el que te deslíes.

Drugs for the dark life, for the sleep of fear. When the skin of day turns inside-out. She pieces fragments together, to live, to go on living, for death. It's the pull of zero. Evening slips behind the curtains and everything is in the flesh, in its polishes, its adherences, in the weary knot of its fibres. She pieces fragments together. It's the image that suddenly rears up, words strung on the thread of her own blood. It's the iridescent sphere that the garrulous steam of premonition raises before her eyes, the ball in whose centre she diminishes, becoming more girlish, like a Russian doll. She pieces fragments together, deletes them, arranges them in order, chooses which one is herself.

Narcóticos para la vida oscura, para el sueño del miedo. Cuando la piel del día se vuelve del revés. Ella junta fragmentos para vivir, para seguir viviendo, para la muerte. Es la atracción del cero. La tarde se escabulle detrás de las cortinas y todo está en la carne, en sus barnices y adherencias, en el nudo cansado de las fibras. Ella junta fragmentos. Es la imagen que salta de repente, palabras que se ensartan en el hilo de sangre de sí misma. Es la esfera tornasolada que plasma ante los ojos el humo lenguaraz de las premoniciones, la bola en cuyo centro va menguando, volviéndose más niña, igual que una matrioska. Ella junta fragmentos, los tacha, los ordena, elige aquel que es ella misma.

Behind a flickering match stands solitude. Behind the pin-head of a star. Or here and now, under the harsh electric light of a waiting-room where time is measured with folded hands. They are the blood's declensions, its indices and derivatives. Reports, analyses, squaring of the vicious circle of the treatment. A woman looks at herself in her make-up mirror. A woman watches herself carefully for fear of not encountering herself, of vanishing. With the match-light of her eyes she enters the passage of herself, but all she can hear is the sea's murmur and, nearer, the banging of half-open doors. Solitude, reef, star.

Detrás de una cerilla vacilante está la soledad. Detrás de la cabeza de alfiler de una estrella. O aquí mismo, bajo la luz estricta de una sala de espera donde el tiempo se mide con las manos cruzadas. Son las declinaciones de la sangre, sus índices y derivados. Informes, analíticas, cuadraturas del círculo vicioso del tratamiento. Una mujer se mira en su espejo de mano. Una mujer se mira atentamente por miedo a no encontrarse y desaparecer. Con la cerilla de los ojos se adentra en el pasillo de sí misma, pero sólo distingue el murmullo del mar y, más cerca, un batir de puertas entreabiertas. Soledad, arrecife, estrella.

The pain curve slyly detaches itself from the tree of night. And here it shines, near and absolute, on the floor of uncertainty. We can't extinguish it. There's no pressing that leaf between the pages of a book. So ordinary blood snags itself on corners: a waiting stamen, a red-hot filament. Night switched it on. Nakedly it signifies.

La curva del dolor se desprende a hurtadillas del árbol de la noche. Y aquí brilla, cercana, concluyente, en el suelo de las incertidumbres. No podemos apagarla. No hay forma de guardar esa hoja entre las páginas de un libro. Así la sangre rutinaria se hiere en las esquinas: un estambre de espera, un filamento al rojo. La noche lo encendió. Desnudamente significa.

Hot night of laminate and empty façades. Whoever paced the tarmac of surveillance came there late, with the dagger of clocks plunged into the whitest core of flesh. Black city sun. The torrid sun under the toasted skin. And the blood, flowing in a vain loop to the ulcer. Whoever looked to see the sky came late.

Noche caliente de láminas prensadas y fachadas sin nadie. Quien recorrió el asfalto de las vigilancias llegó tarde, con el puñal de los relojes en cada paso, hundido hasta la miga más blanca de la carne. Sol negro de ciudad. Sol de injusticia bajo la piel tostada. Y la sangre, que fluye en un bucle baldío hasta la úlcera. Quien quiso ver el cielo llegó tarde.

To be made of remnants, rags, bits of cardboard picked up along the way, of gravel and tiny pebbles with their mica surface shine, crushed shells to feed the bird of ill omen one lugs around. To be a Pinocchio of sawdust, plywood shavings, breadcrumbs devoured relentlessly by crows, till nightfall, like someone who draws down the dark.

Estar hecho de retales, de trapos y cartones que uno ha ido juntando por el camino, de grava y piedras diminutas que llevan adosadas su brillar de mica, de polvo de conchas marinas para alimentar al pájaro de mal agüero que uno lleva consigo. Ser un Pinocho de aserrín, de virutas encoladas, de miga de pan que los cuervos devoran sin tregua, hasta la noche, como quien así la instaura antes de tiempo.

She draws a 3 like a tormented face, contracted in pain. An issueless labyrinth that walks backwards, observing a *back then* it is banished from. So the destroying angel, a hand with three stumps trying in vain to save something from the fire. Because the past burns still and is unjust, it wounds, it digs into the skin, into the guts, is a mad forest stampeding its animals: a hunt in full cry for no-one. She writes the 3 as if drawing her portrait in that mirror, afraid of the flames, afraid of herself.

Dibuja un 3 como un rostro convulso, contraído por el dolor. Laberinto cerrado que camina de espaldas, mirando hacia un atrás que lo destierra. Así el ángel del espanto, mano de tres muñones que intenta rescatar algo del fuego sin lograrlo. Porque el pasado sigue ardiendo y es injusto, hiere, cava en la piel como en las vísceras, es un bosque furioso que hace huir a sus animales: jauría para nadie. Escribe el 3 como quien se dibuja ante ese espejo, con miedo de las llamas, de sí mismo.

Time, that is like a hood become transparent with wear, that blurs our features making us common, duplicates. Time, that colours us white.

Del tiempo, que es una capucha translúcida, como gastada por el uso, que borra nuestros rasgos y nos vuelve comunes, repetidos. Del tiempo, que nos indistingue de lo blanco.

Embarrassed clearing where paths go to die. Trodden ground, tyre tracks. January blew hard here, splitting branches, humbling roots. We came here together, without you knowing. We came in silence, because blood keeps its own measure, plays straight.

Later, the pinewood floor, carpeted with soft needles: what falls: what diminishes. We could read no future.

Calvero avergonzado donde se extinguen los caminos. Tierra pisada, huellas de rodadura. Enero se hizo fuerte aquí, tarjando ramas y humillando raíces. Íbamos juntos, aunque no lo supieras. Íbamos en silencio, porque la sangre se acompasa sola, sin amaños.

Más tarde, el suelo del pinar, alfombrado de agujas blandas: lo que cae; lo que resta. No pudimos leer ningún futuro.

You wanted light, but what you get is shade, the spider's web of a fossilized hope. That is all, perhaps. A viscous dream for this spring that flows on grudgingly, with vacillating clouds that offer no assurance and the tide of the blood beneath the sun. The song of care has turned unbearable, a bass line that tolls in the blood. Look, the sky follows its course, won't be put in a frame.

Has querido la luz, pero recibes sombra, la red de araña de una esperanza fósil. Eso es todo, tal vez. Un sueño pegajoso para esta primavera que fluye a su pesar, con nubes basculantes que no confirman nada y la marea de la sangre bajo el sol. La canción del cuidado se ha vuelto irrespirable, una línea de bajo que repica en la sangre. Mira, el cielo sigue su curso, no se deja enmarcar.

Prospect of dispossession. Remoteness is your refuge, your defence. One step no more and you'd begin to disappear, bit by bit, slowly, like a premature ghost. So this vitreous air, this air of May, with its threat of thunder, that transforms everything into a memory of itself, a petrified present. Someone must guard the fort. Someone must stand back. A hedgehog that curls up to leave space for its quills. A black hole that absorbs all body, all light. Master of distances. Yourself the event horizon from which nothing escapes, not even this silence.

Horizonte de la desposesión. La lejanía es tu refugio, tu defensa. Un paso nada más y empezarías a desvanecerte, por trechos, lentamente, como un espectro prematuro. Así el aire vidrioso, este aire de mayo que amenaza tormenta y lo transforma todo en recuerdo de sí, presente fósil. Alguien debe guardar el fuerte. Alguien debe quedarse atrás. Un erizo, que se retrae para dar hueco a sus espinas. Un agujero negro que absorbe todo cuerpo, toda luz. Maestro de distancias. Tú mismo el horizonte de sucesos del que nada se escapa, ni este callar siquiera.

I have clay on my boots. We've done a lot of walking together: hours of it, weeks, years, but you, dear friend, are always immaculate, unsullied, not even a blade of grass on your trouser-legs. As if transparent scales had protected you since you were a child, making you impervious to rain, soot, the thousand and one hurts of this world. You, my Siamese double. You, the image weeding the days. You, whom others call *hope* half-heartedly for there is no hope. These boots know it from all that walking. They know it instinctively from abandoning themselves to the elements. Clay is what exists, what is born of clay.

Tengo barro en las botas. Hemos andado mucho juntos: horas, semanas, años, pero tú, mi querido amigo, vas siempre inmaculado, nada te mancha, ni una brizna de hierba malogra tus perneras. Se diría que escamas transparentes te llevan amparando desde niño, haciéndote insensible a la lluvia, al hollín, a las mil y una injurias de este mundo. Tú, mi doble siamés. Tú, la imagen que va desbrozando los días. Tú, a quien otros llaman esperanza *con la boca pequeña porque no hay esperanza. Lo saben estas botas de tanto caminar. Lo saben por instinto, a fuerza de rendirse a la intemperie. Es el barro lo que existe, lo que nace del barro.*

I learnt everything late, at the wrong time, in the wrong body. Ah fears and inhibitions, my walled-in old-man youth. Everything was a smokescreen, a blindness I had to traverse. Now I know. It was rather a matter of staying alert, not making any noise, letting oneself be carried along by the current without a second thought, with the lesson of the water cultivating one's lungs. So, late, out of time, the art of understanding. *I'm younger than that now.* And here's the proof. Clothes laid out to dry by the shore. The pine-tree smell. The tingle of sun on the sleeping skin. Now at last we know. Behind the hills there's nothing, nothing.

Todo lo aprendí tarde, a deshora, a descuerpo. Ah miedos apretados, mi juventud de viejo inaccesible. Todo fue una cortina de humo, una ceguera que debía cruzar. Ahora lo sé. Se trataba más bien de estar alerta, de no hacer ruido, de dejarse llevar por la corriente como si nada, con la lección del agua labrando los pulmones. Así, tarde, a destiempo, arte del entender. I'm younger than that now. *Y esta es la prueba. Ropa puesta a secar junto a la orilla. El olor de los pinos. La comezón del sol sobre la carne adormecida. Ahora ya lo sabemos. Detrás de las colinas no hay nada, nada.*

You should risk it too, this current, this lightness. It's the distracted hand of time, swatting away a fly or absentmindedly playing with its hair. I live by a border that knows me by default, a porous boundary. So the music of fear: a melody that vacillates forlornly, that seeps into the marrow of one's bones, only to blossom, long afterwards, in the void between the stars. How easily one becomes lost. So the contagion of fear, the resolute footstep, the irreparable fissure ripping through the wall from floor to ceiling. I want clarity more than anything, but I breed enigmas. It's the hand of time, its light music talking on the phone or going out on the balcony for something. This old moth can still dance round the light.

Arriesga tú también con esta levedad, esta corriente. Es la mano del tiempo olvidada de sí, espantando una mosca o arreglándose el pelo sin pensar. Vivo cerca de una frontera que me conoce por defecto, un límite poroso. Así la música del miedo: un aire que fluctúa sin remedio, que se filtra en la caña de los huesos para brotar, mucho después, del vacío entre estrellas. Uno se pierde fácilmente. Así el contagio del temor, el paso firme, esa grieta indeleble que surca la pared de arriba abajo. Busco la claridad sobre todas las cosas, pero sólo cultivo enigmas. Es la mano del tiempo, su música ligera hablando por teléfono o saliendo al balcón por hacer algo. Esta vieja polilla puede bailar aún junto a la luz.

Time, the heart whence flows the blood (here) that lights up the nerve to the hand (now) that brandishes the bow whose arrow (never) pierces the heart that felt nothing.

Del tiempo, que es el corazón del que mana la sangre (aquí) que alumbra el nervio hasta la mano (ahora) que blande el arco en cuya flecha (o nunca) se ensarta el corazón, que nada supo.

Every step you take is a light that switches on, on the other side, beneath the ground, beneath your shadow. A star distant, beyond reach. You walk on a will o' the wisp that steals your image and stops you recognising yourself, knowing who you are. Call it thirst, desire, an avid vein. Call it blind-me, sleepless-me, cannibal.

Cada paso que das es una luz que prende al otro lado, bajo la tierra, bajo tu sombra. Una estrella remota, inalcanzable. Caminas sobre un fuego fatuo que se guarda tu imagen y te impide reconocerte, saber quién eres. Llámalo sed, deseo, ávida vena. Llámalo ciego yo, insomne yo, caníbal.

White vertical light. Wasteground. The boy is still there, oblivious, rummaging through cables and dreary rubble. You'd say he'd been hours, decades in his little hole, not changing position, bothering nobody, curled up in a ball of himself. The boy from before, anonymous, featureless, looking stubbornly away in a corner of the photograph. Isn't it time you went and got him? Isn't it time to take off his mask?

Luz blanca, vertical. Solar abandonado. El niño sigue ahí, como si nada, rebuscando entre cables y cascotes sombríos. Se diría que lleva horas, décadas, en su pequeño hueco, sin cambiar de postura ni molestar a nadie: ovillo de sí mismo. El niño de otras veces, anónimo, sin rasgos, que insiste en no mirar desde una esquina de la foto. ¿No es hora de que salgas a buscarlo? ¿No es hora de quitarle la careta?

It's poppy season. A toxic red in the long grass, in the tracks that lead to the silo. The hour weighs heavy, a distillation-flask of sultriness worming the air. A fragile writing; a writing about debility. Hands in pockets. You remember the place, you've dreamt of it, but it's all becoming hazy now, as if only the *who* explained the *why*. Saying and not saying are the same coin in your tongue.

Es la estación de las amapolas. Rojo tóxico entre la hierba espigada, en las vías que dan al silo. Y la hora que pesa, el matraz del bochorno agusanando el aire. Una escritura frágil; una escritura de la debilidad. Manos en los bolsillos. Recuerdas el lugar, has soñado con él, pero todo se vuelve confuso a estas alturas, como si sólo el quién *explicara el* porqué. *Decir y no decir son la misma moneda bajo tu lengua.*

This distance is needed to live. In the eye wall, liquid oozes, the idiotic mildew of good intentions, old designs. And you hear noises in the drainpipe, plumbing clanking in the dark. It's a set of pulleys, the lightweight syntax of the grotto. The tear-duct converses with the liver and scrutinises the bilges where our past life ferments, the sugar of dilemmas. For once no lessons were needed. Our life is unpredictable. To speak, this distance is needed.

Esta distancia es necesaria para vivir. En la pared del ojo rezuma la humedad, el moho idiota de los buenos propósitos, los viejos designios. Y oyes ruidos en la bajante, cañerías que rechinan en la tiniebla, no sabes dónde. Es un juego de poleas, la sintaxis liviana de la gruta. El lagrimal conversa con el hígado y escruta en las sentinas donde fermenta lo que fuimos, el azúcar de los dilemas. Por una vez no hicieron falta lecciones. Nuestra vida es imprevisible. Para decir se necesita esta distancia.

Windows blinded from within with boards and planks. A door clumsily nailed shut. Cracks, exposed brick. The eyes of the house turn inward to tend to the ruin. Hands hold out a chaste sheet to preserve the decencies. Master of distances. He returned one morning to finish the work, but no-one saw him leave.

Ventanas cegadas desde dentro con listones y maderos. Una puerta claveteada torpemente. Ronchas, ladrillo visto. Los ojos de la casa se vuelven hacia adentro para cuidar la ruina. Las manos extienden una sábana pudorosa que aún guarda las formas. Maestro de distancias. Volvió una mañana para rematar el trabajo, pero nunca se le vio salir.

And then he went home. And didn't know what to do. The cold was a flaw in his blood. He tossed and turned in the sheets. Sleep wouldn't come. Sleep was a thumb on his forehead saying *switch off, switch off,* but there wasn't a forehead, there wasn't a body, only a bone-tired web, consumed by waiting. He tried a different thought process. He tried to change projector, images, plot. His thumb eluded him. The thumb's fault or his own? He looked up at the ceiling. He was a guinea-pig in the maze of the night, stumbling around, not finding the door. He was the inmate of a wall-less labyrinth, an extension of his viscera. And didn't know what to do. And then he woke at first light, astonished by the sky and the whirl of the swifts. Sweat and surmise. Day summoned him to mend the links in the chain of his blood.

Y luego se fue a casa. Y no supo qué hacer. El frío era una mella en la sangre. Dio vueltas y más vueltas entre sábanas. El sueño no daba con él. El sueño era un pulgar en la frente diciendo apágate, apágate, *pero no había frente, no había cuerpo, sólo una red exhausta, comida por la espera. Probó a pensar de otra manera. Probó a cambiar de proyector, de imágenes, de trama. El pulgar le eludía. ¿Carencia suya o del pulgar? Miró arriba, hacia el techo. Era un cobaya en los meandros de la noche, dando tumbos sin encontrar la puerta. Era reo de un laberinto sin paredes, prolongación de sus entrañas. Y no supo qué hacer. Y entonces despertó con la primera luz, pasmado por el cielo y la ronda de los vencejos. Sudor y conjeturas. El día lo llamaba para enmendar los eslabones de la sangre.*

From your life to mine, this seed. In time.

De tu vida a la mía, esta semilla. En el tiempo.

No book informed me on how to be invisible, no wise counsel. No-one explained the trick. It was a matter of stepping aside at the right moment, effortlessly.

Ningún libro me dijo cómo ser invisible, ningún consejo. Nadie me dio la clave. Fue cosa de apartarse a tiempo, como si nada.

Loneliness contemplated. Loneliness foreseen. Loneliness-schemes for the bruised soul.

La soledad pensada. La soledad prevista. Planes de soledad para el alma maltrecha.

Dreams of being a lonely, embittered old man. A b-movie dream, liberating, cathartic.

Sueños de ser un viejo solitario, amargado. Un sueño de película barata, liberador, que purga.

To be absent. Not here. Never there. To go on being: elsewhere, away, not here. To go on not being. *One's own life should be hidden.* Staying out of it, not going on. It's just a trick. Yes, just a trick.

Estar fuera. No estar. No haber estado. Seguir estando: fuera, lejos, no aquí. Seguir no estando. Es preciso esconder la propia vida. *Estarse fuera, no seguir. Es sólo un truco. Sólo un truco.*

A wisdom of bewilderment. A wisdom of exhaustion. And then, while it's still possible, to gaze at the ground with savage gratitude.

Un saber del desconcierto. Un saber de la extenuación. Y entonces, mientras aún es posible, mirar el suelo con salvaje gratitud.

Time, that whirls us round ourselves till we find a favourable plot of earth to die in.

Del tiempo, que nos hace girar sobre nosotros mismos hasta dar con el trozo de tierra más propicio para morir.

Where did so much prudence get us? We are where we've always been, no fooling, and here's the proof: old principles, clear verdicts. Life was very short. Short of soul, understanding. *The fisherman who always catches the same fish.* That was us, your honour. And now, beside the sea of endless possibilities, we draw in our nets and go back home. Rust also thrives inland. Seasoned wood that warps.

¿Adónde nos llevó tanta prudencia? Estamos donde siempre estuvimos, sin argucias, y esta es la prueba: viejos principios, limpias ejecutorias. La vida fue muy corta. Corto el ánimo, la comprensión. El pescador que pesca siempre el mismo pez. *Eso fuimos nosotros, señoría. Y ahora, junto al mar de la infinita posibilidad, recogemos las redes y volvemos al pueblo. El óxido también prospera tierra adentro. Madera seca que se comba.*

It's not easy to sense the absent: a sudden pang, a flaw in the blood... It's the body stirring and trying to find a comfortable position: bones tuned to yesterday's wave frequency, epithelial soundings, chance images surfacing from sleep. It's hard to converse with the absent and see them as what they were: their safe presence, tone of voice, everything that made up their passage through the world. So the body that longs for and seeks a response, odour, glands, skin, the scaffolding of braced muscle... Not the icy hand on the window, not this clearing in the forest of the day-to-day. White, empty: uncanny, baleful forms. Through the break in the trees falls the light that has withered the grass.

No es fácil distinguir a los ausentes: una punzada súbita, una muesca en la sangre... Es el cuerpo que se remueve y busca el ángulo propicio: huesos en la frecuencia de onda del ayer, calas epiteliales, imágenes fortuitas que suben desde el sueño. Es difícil hablar con los ausentes y verlos como lo que fueron: la presencia segura, el grano de la voz, todo cuanto ceñía su paso por el mundo. Así el cuerpo que añora y pretende respuesta, olor, glándulas, piel, el andamio del músculo trabado... No la mano de escarcha en la ventana, no este claro en el bosque de los días comunes. Blanco, vacío: formas de lo siniestro. Por el hueco entre árboles llega la luz que desecó la hierba.

And yet, here, always, the radical surprise of speech. Also: the joy of thought. You're careless in your concern, in your control over what now is dawning. And you gaze, you gaze at it, you fly at a tangent to its arc, matter burned by a new sun.

Y, sin embargo, aquí, siempre, la sorpresa radical de la enunciación. También: la alegría del pensamiento. Eres irresponsable en tu inquietud, tu gobierno de esto que ya despunta. Y miras, lo miras, sales tangente de su arco igual que un asteroide, materia ardida por un nuevo sol.

Phrases, sudden flashes interrupting the vicious circle of thought. There's new blood in this world: what was not now is. And yes, we want this lightness for little things, the amniotic sac, protection. Humility, that strength.

Frases, súbitas intermitencias que se oponen al círculo vicioso del pensamiento. Hay nueva sangre en este mundo: lo que no era ya es. Y sí, queremos esa ingravidez para lo menudo, la bolsa amniótica, la protección. Humildad, esa fuerza.

I've made a space so we can talk to each other: a realm with no masks, a solid chiaroscuro, a seven-pointed star. There we'll be the faithful keepers of one another's solitude. There the pitcher goes to the well as often as it likes and doesn't break. Water flowing from our lips, fresh words for the rage to live. And the suture thread of uncertainty sewing days onto nights. We talk and the shadow of the words slides down the wall with reptilian patience: a domestic firmament in which a single bird suffices to give us our bearings. Indigo and well-spring; stubbornness of doing. When nothing is hoped for, all is future.

He creado un espacio para que nos hablemos: un dominio sin máscaras, un claroscuro sólido, una estrella de siete puntas. Allí seremos fieles guardianes de la soledad del otro. Allí el cántaro va cuantas veces quiera a la fuente sin romperse. Agua que brota de los labios, palabras frescas para la fiebre del vivir. Y el hilo de sutura de la incertidumbre juntando días y noches. Hablamos, y la sombra de las palabras se desliza por la pared con paciencia reptil: cielo doméstico en el que sólo un pájaro basta para orientarnos. Índigo y manantial; terquedad del hacer. Cuando nada se espera, todo es futuro.

I don't know who you are, but not knowing drives me to backsliding, wondering. A blank canvas onto which leap black ink-drops, splatter. A brushstroke of insolent black in the eyes. It's all a matter of time. And the things we say to each other like spice grains tattooing the skin without touching it. You exist. We exist. Let me accompany you.

No sé quién eres, pero no saberlo me obliga a reincidir, a preguntarme. Un lienzo blanco en el que saltan gotas de tinta, salpicaduras. Una brocha de negro insolente en los ojos. Todo es cuestión de tiempo. Y las cosas que nos decimos, como granos de especia que tatúan la carne sin tocarla. Existes. Existimos. Déjame acompañarte.

Time, that was always in on the secret. Time, that knows everything about us.

Del tiempo, que estuvo siempre en el secreto. Del tiempo, que lo sabe todo de nosotros.

You might as well toy with this cloud of dust.

Más te vale jugar con esta polvareda.

Contents

Lightning Source UK Ltd.
Milton Keynes UK
UKHW010930230223
417514UK00002B/36